DROS BEN LLESTRI

Goreuon y gyfres radio

DROS BEN LLESTRI

Goreuon y gyfres radio

**Casglwyd gan:
Elena Morus**

GWASG Carreg Gwalch

Argraffiad cyntaf: Hydref 1995

Ⓗ *Y beirdd*

Rhif Llyfr Safonol Rhyngwladol:
0-86381-351-8

Clawr a chartwnau: Mei Mac

Argraffwyd a chyhoeddwyd gan Wasg Carreg Gwalch,
Iard yr Orsaf, Llanrwst, Gwynedd.
☎ (01492) 642031

Diolch yn arbennig i Mair Parry Roberts
am ei gwaith yn casglu archifau'r rhaglen at ei
gilydd yn swyddfa Radio Cymru.

Cynnwys

Cyflwyniad

Ffrwyth deg mlynedd braf o deithio
Ar hyd Cymru i recordio
'Dros Ben Llestri' ar y Radio
Yw'r gyfrol hon sydd yn cyflwyno
Cynnyrch deunaw bardd gwahanol.
Cerddi gas eu cyfansoddi'n wreiddiol
I'w darlledu yn wythnosol
Ar wasanaeth Radio Cymru,
Ond oedd hefyd yn difyrru
Aelodau amryw gymdeithasau
A fyddai'n danfon gwahoddiadau
I ni ddod atynt i neuaddau,
I festri capel a thafarndai
Ardaloedd gwledig a phentrefi
Ym mhob cwr i greu y miri.
Ond daeth diwedd ar y teithio;
Mae cyfnod newydd wedi gwawrio
A'r rhaglen bellach ar deledu.
Amser addas inni felly
I gael cyfrol i gofnodi
Y gyfres fu ar Radio Cymru
Diolch i'r beirdd a fu'n diddanu
Am eu parodrwydd i gyfrannu
Inni nawr y cerddi hynny
Ac i Myrddin am eu casglu
A bwrw ati i argraffu;
Ac i chithe am eu prynu
I gofio'r hwyl ar 'Dros Ben Llestri'.

Huw Llywelyn Davies

Nymbar Ten

Dwi ddim yn dymuno dweud *secrets*
Na chwaith cael fy ngalw'n hen snech,
Ond mi adrodda' i stori sy'n wir bob gair
Am bentref Llan-rhaid-chi-gael-chwech.

'Chaech chi ddim byw o fewn ffiniau'r pentre
Heb i chi gael o leia chwech o blant.
A mwya'n y byd oedd y teulu,
Mwya'n y byd oedd y grant.

Roedd beichiau y byd ar ben Jini,
Yn ogystal â'i gŵr prysur, Den.
Roedden nhw eisoes wedi cael naw plentyn
Ac yn disgwyl nymbar ten.

Fe'i galwyd 'r ôl ei daid, Rechebeia
Yn Sbyty Rhaid-chi-gael-chwech,
Ac er mwyn hwylustod i'r teulu a phawb
Fe'i galwyd gan bawb 'yr hen Rech'.

Fe dyfodd yn bwff bach o hogyn
A'i bethma — ei arddwrn — yn limp,
A phan agorai ei geg fawr i siarad
Fe'i ystyrid yn dipyn o wimp.

Un dydd, fe briododd â Magi
A llanwyd holl Eglwys y Llan.
Roedd hi yn un o ddeunaw o blant
Wedi'i chodi ar bowliau o *All Bran*.

Doedd Magi ond cwta tair troedfedd
Yn nhraed ei sanau pen-glin,
Ac fel y disgwyliech i hogan mor fach,
Roedd ei thrwyn hi ym musnes pob un.

Y diwrnod ar ôl y briodas,
Symudodd mab Jini a Den
A'i briod i glamp o dŷ teras,
A'i nymbar oedd nymbar ten.

A dyma paham hyd at heddiw,
Os ewch chi i Llan-rhaid-chi-gael-chwech
A gofyn i neb, 'Pwy sy'n byw'n Nymbar Ten?',
Daw'r ateb, 'Magi'r hen Rech'.

Eirug Wyn

Y Dyn Budr

Does 'na 'run pentre bach o Bancock i droed Rhiw
Heb fod yna rhyw Tom neu rhyw Harri yn byw.
Ac os ydi Harri a Tom yno — ew 'dach chi'n cwic —
Mi fetia' i bumpunt y ffendiwch chi Ddic.

'Na chi Ddic Aberdaron a Dic Bach Bryncrug,
Dic mawr Aberystwyth — a fi, Dic Llanrug.
Dwi'n un o'r hen fois 'ma sy'n gwisgo hen facs,
Dwi'n chwarae offeryn, dwi'n hoff iawn o'r sacs.

Mae Niclas yn enw sy'n rhoi imi gics,
Cans os gewch chi ddau Niclas,
Fyddwch chi'n siŵr o gael 'Nics'.
Ches i'm mymryn o golej mewn Maths a Biology —
Ond ces radd MSc mewn Human Biology!

Dwi'n cofio rhyw stiwdant o'r enw Ann,
Pan gydiodd yn fy nhest tiwb, ro'n i'n teimlo'n reit wan.
Meddwn i, braidd yn swil: 'Mae'ch anatomi'n goeth,
'Swn i'n meindio run blewyn 'sach chi'n bod yn annoeth'.

'Ac Ann,' meddwn wedyn, 'does dim rhaid 'chi gael braw
Os gwna' i fesur eich coesau'n yr hen ddull — efo llaw.'
Ar wyliau yr aethom mewn pabell i Kent
A chael f'arestio am *loitering with intent'*.

'Be am fynd i'r traeth niwdist yn Brighton?' medda hi.
'Cawn brancio'n fan honno'n noethlymun a ffri.'
Medda finna: 'Mi dynna' i amdana'n reit siŵr,
Ond o achos y jeli-fish, a' i'm yn agos i'r dŵr.'

'Wel, gewch chi wisgo'ch sana,' medda hitha dan wenu;
'Munud bach,' medda fi, 'dim am fy nhraed o'n i'n boeni!'
Does gen i ddim trysor i lenwi fy nghod.
Ond mae gen i arwyddair — 'i fyny bo'r nod'.

A dyma fy neges i bobl y byd:
'Mae 'na ddarn o'r dyn budur ynom ni i gyd!'

Dyfan Roberts

Y Cock Tale

Cewch hanes Harvey
Fy ngheiliog du,
Mewn cân sy'n big,
A thywylled â'i blu.

Fe ganai gân,
Reggae neu *blues*,
Am iâr ad goch —
Fel John Ceiriog Hughes.

Fe garai'r ieir —
Ni ddywedaf shwt —
Ond ar fy ngwir
Fe siglai 'i gwt.

Ac ar ôl caru,
Ar fy myw,
Fe fynnai Harvey
Ddweud, '*Thanks* cyw!'.

Fe garodd Sali'r
Iâr fach wen,
Aeth i ben wal
I siglo'i phen.

Fe ddringodd Harvey
Ar ôl Sal,
Ond cwympo wnaeth
Oddi ar y wal.

Mae'n stori drist,
Bu Harvey farw —
Mae'n ddiwedd stori
Ceiliog a tharw.

Ac ar ei fedd,
Fe gerfiais i:
*'Harvey Wallbanger —
R.I.P'!*

Hywel Roberts

Parc yr Arfau

Parc yr Arfau, Parc yr Arfau,
Lle mae pawb, am un prynhawn,
Yn gwirioni a bytheirio —
Eu pennau'n wag a'u boliau'n llawn.

Be sy'n gwneud i fodau meidrol
Deimlo gwenwyn yn eu gwaed,
Gan droi ffeindrwydd Doctor Jekyll
Yn wallgofrwydd Mistyr Hyde?

Dim byd mwy na thîm o Gymry'n
Rhuthro ar ôl pêl o wynt,
Gyda gallu ac ymennydd
Fawr iawn mwy na Pholo Mint.

Unwaith yn y pedwar amser
Hwyrach fod 'na gyfiawnhad
Dros addoli a chyd-foli
Doniau rygbi cewri'n gwlad,

Pan oedd Phil yn creu perlewyg
Gyda'i gamau byrion, chwim;
A Dai Morris, byr o eiriau'n
Creu cyfrolau heb ddweud dim.

O, am weled Gerald eto
Yn chwyrnellu lawr y lein,
A Quinnell a Delme Thomas
Fel dau danc yn Alamein.

Rhoddwn unrhyw beth am weled
Unwaith eto y tri chawr
Charlie, Graham a'r hen Bobby —
Ond ofer yw breuddwydio nawr.

Ffarwél golier, ffarwél nafi,
Ffarwél fois y gaib a rhaw,
Tîm o iypis ydym bellach
Na chodai ar lygoden fraw.

Parc yr Arfau nid yw mwyach
Ond mynwent i'n gobeithion ffôl,
Arwyr glewion y saithdegau —
Ni ddônt eto fyth yn ôl.

Beth a wnawn â Pharc yr Arfau?
Ei werthu i'r Cyngor, dyna be,
Yna'i chwalu a'i ddatgymalu
A chodi *Tescos* yn ei le.

Ie, codi stôr fawr *Tescos*
Yn llawn crisps a swîts a phop
Gan fod hwch hen Barc yr Arfau
Eisoes wedi mynd drwy'r siop!

Lyn Ebenezer

Iechyd Da

O'dd Wili yn Hypercondriac
O'dd Wili bob dydd yn sâl
Doedd Wili byth yn hapus
Os nag o'dd e'n teimlo'n wael.
Roedd e'n diodde o rhyw glefyd
A hynny yn ddi-ball,
Pan welle fe o un peth
O'dd e mewn ynghanol llall!
Roedd e wedi diodde pob salwch
Y gallwch chi feddwl amdano,
A dioddefodd hefyd o ddau neu dri
Sydd hyd yma heb gael eu hinfento.
O'dd e'n cael annwyd bob bore wrth godi
A *migraine* bob hanner dydd —
Erbyn swper o'dd e'n diodde o *ulcers*,
A hanner nos roedd e 'nghanol dolur rhydd;
Roedd e'n peswch am orie yn aml
Nes bydde 'i wyneb e'n troi yn reit las
Ac o'dd werth i chi weld 'i *biles* e,
Ro'n nhw fel balŵns ac yn stico reit mas.
Roedd e wedi cael dros gant o opyreshons
Dros gyfnod o amser reit faith,
O'dd e rownd y flwyddyn mewn *stitches*
Wel o'dd e'n cadw un syrjon mewn gwaith!
Roedd e'n galw yn syrjeri'r doctor
Bob dydd rhyw unwaith neu ddwy,
O'dd e byth ishe moddion na thablets,
Dim ond jyst tsheco bod e'n fyw.
A fel'na o'dd Wil yn syrfeifo —
Ro'dd hi'n rhyfedd fod e dal yn y byd —
Yn diodde ac achwyn bob amser
Ac yn dala rhyw glefyd o hyd:

Annwyd, bronceitus,
Gwddwg tost a niwmonia,
Gall stones a *gall bladder*
A cholic yn 'i fola;
Cerrig yn 'i arennau
A dŵr yn 'i ben'lin,
Boils ar 'i ben ôl
A gowt ar 'i goese,
Thrombosis, fflibeitus,
Frech wen a'r frech goch,
Tennis elbow a *shingles*
Clamp o ddarwden ar 'i foch.
Fe gododd un diwrnod yn holliach
Heb deimlo cystal erioed —
Gath e ofan nes o'dd e'n crynu
Bod rhywbeth ofnadw yn bod!
Fe redodd lawr at y meddyg
A bu bron iddo farw o fraw,
Ond o'dd hynny yn ddigon naturiol
Achos roedd e'n dal 'i wynt yn 'i law.
'Wi'n teimlo'n fantastic,' medde Wili,
'Ma' rhywbeth ofnadw yn bod.'
Ac medde'r hen ddoc yn grynedig,
'Wili Jones, mae'r diwedd wedi dod.
Mae'n amser mynd â'ch cownt mewn i'r offis,
Ewch adre a threfnwch ar frys,
Sdim point prynu calendar arall —
Sdim point i chi newid y'ch crys!'.
Mae dwy flynedd erbyn hyn wedi paso
Ac ma' Wili yma o hyd,
Dyw e byth nawr yn achwyn
Ac mae'n ddigon llawen 'i fyd;

Ac os digwydd ichi 'i weld e
A chyfarch 'bore da',
Yr un fydd ei ymateb:
'O rwy'n diodde o iechyd reit dda!'.

Ifan Gruffydd

Damwain

Roedd yr Ŵyl ym Mro'r Frogwy eleni,
Cyrhaeddais yn y *Volvo* mewn steil
Doedd dim telyn ar gyfer fy mŵt i
Ond er hynny cês groeso gwerth chweil.

'R ôl diwrnod reit hir o gystadlu
Rhois naid mewn i'r car, ac awê,
Troi i'r chwith wrth y cloc yn Llangefni
Canu'n iach â datgeiniaid y dre.

Cyn pen dim roeddwn bron iawn ym Menllech
Yn gwrando ar *Radio One*,
Eric Clapton yn gwmni'n fy nghlustiau —
O'n i di cael digon o glywed 'Llwyn Onn'.

Ond och! aeth car coch mewn i 'monet
Ar dreifar 'di cael potelaid neu ddwy
Ac wedyn mi ges i consyshon —
A sori dwi'm yn cofio ddim mwy!

Nia Chiswell

Chwarae'r Ffŵl

Prins Charles yn ennill y Gadair,
Emyr Wyn yn dawnsio *Swan Lake*;
Magi Post yn priodi Sylvester Stallone,
Arthur Daily ddim ar y mêc.

Wythnos o 'Stondin Sulwyn'
A phawb yn siarad sens;
Alan Williams Caerfyrddin yn dysgu Chinese
'For the sake of our English friends'.

John Major yn dynwared Mike Yarwood
Peter Hughes Griffiths a Jeifin yn fêts,
A Lassie yn cael ei hethol
Fel Arlywydd yr United States.

Huw Eic yn sylwebu ar socer,
Gravell yn syporto Caerydd;
A Nelson Mandella yn arwain
Yr ymgyrch tros Gymru rydd.

Lyn Ebenezer a thomen o wallt
Yn cael ei *knighthood* yn Llundain 'da'r Cwîn;
A dawns y blode'n y Steddfod
Yn cael 'i pherfformio gan Torville a Dean.

Magi Thatcher yn saff yn y jael, pwr dab,
Am beidio a thalu'r *poll tax*;
A TJ yn canu'n y *Deri Arms*
Wedi'i dal hi'n ufflon racs.

O'r diwedd mae Noddy a Big Ears
Yn mynd i'r gwely ar wahân,
Ond mae'r stori'n mynd rownd bod Siwperted
Yn cysgu 'da'r Smyrffs a Sam Tan!

Aled Jones yn canu bâs,
Margaret 'n gwneud y twist;
A 'Chefn Gwlad' mewn uffach o stâd —
Mae Dai Jones yn ôl ar y Piste.

Elinor Jones yn sics ffwt ffeif,
Sir Fôn yn cael hôm rŵl —
Ai gwir y geirie hyn i gyd?
Na, jest fi oedd yn chwarae'r ffŵl!

Dewi Pws

Madam Sin

'Madam Sin, pa beth yw hyn,
Drws 'di gloi, pawb 'di ffoi?
Choelia' i fawr, agorwch nawr!
Fedar hen ŵr ddim dal ei ddŵr yn hir — wir!'

'Ddynas ddesant, dwi'n ôl yn y cresant,
Yma ar y rhiniog mae'r awel mor finiog
Fel bysadd yn cripio, a'r gwynt yn fy chwipio.
Ac oer ydi'r nocar, dim byd tebyg i brocar —'

'A honno'n boeth, a chusan; byddwch ddoeth,
Dwi reit gynhyrfus, mae'n rhaid 'mi gael syrfis,
Sefydlu perthynas gynnas gynnas — agorwch ddynas!
Dwi'n ymbil yn daer fel cyn-faer.'

'Ar fy ngwir, dwi ar y Cyngor Sir;
Am orig, coleddwch yr Ustus Heddwch,
Trugarhewch wrth fancar fu'n dipyn o swancar.
Ond dwi bellach yn barchus — yn byw hefo'r musus.'

'Agorwch i mi, dwi'n CBE
Ac ar y Cyngor Gwlad — dwi'n haeddu rhyddhad.'
Ond ofer y cyfan, y dyrnu a'r stŵr,
Yr ymbil am solas haeddiannol hen ŵr.

Ni wyddai y gwron fod Sin ar ffo;
Rhywsut, fe wyddai pawb ond efo.
Ac wedi tynghedu llwon a ballu,
Trodd yntau adref heb ei ddiwallu.

Yr angerdd o'i fewn fu'n berwi'n ei waed,
A'r oerfel a brofodd o'i gorun i'w draed.
'Mhen deuddydd, bu farw y gŵr a fu'n cnocio,
Mae moeswers yn fan'na sy'n bownd o'ch pryfocio!

Yn eich doethineb wrth ddwys gysidro
Cofiwch na ddaw dim da o Sin-fyfyrio.

John Roberts

Y Llyffant

Mi hoffwn fod yn llyffant (gribit gribit)
Yn bwyta dail a thyfiant, (gribit gribit)
Heb fynnu dim fel gwelliant (gribit gribit)
Na gwybod am ddiwylliant (gribit gribit);
Dim poeni am ddiwydiant (gribit gribit)
Na chyflwr gwlad a'i phrifiant (gribit gribit).
Dim ots os wyf i'n fethiant, (gribit gribit)
Na'n gyfyng fy mynegiant, (gribit gribit)
Dim ots os wy'n gyn-benbwl (gribit gribit)
Heb allu gen i feddwl (gribit gribit);
Mi wn be wna' i wedyn, (gribit gribit)
Mi ga' i swydd yn Nhy'r Cyffredin (gribit gribit)!

Tony Llewelyn

Croesi'r Afon

Un diwrnod cefais alwad
(A honno'n alwad ffôn)
Yn gofyn imi ganu
Yn rhywle yn Sir Fôn.
Sut groeso gaf i yno?
Meddwn i, yn betrus braidd,
Rhyw bethau reit anghynnes
Ydi'r Monwyr yn y gwraidd;
Rhyw rai fel Margret Williams,
J.O. Roberts, Tony Bach —
Mi fedrwn i gael fy hun
Mewn lot fawr iawn o strach!
'Ew, na, mi gei di groeso,
Maen nhw i gyd yn hynod glên,'
Meddai'r cyfaill ar y teliffôn.
Ac mi brynais docyn trên
I groesi afon Menai
Dros Bont Britania fawr,
Mi fyddai'r trên yn gadael
Mewn rhyw dair neu bedair awr.
I' aros y gerbydres
Mi es am beint i'r Glôb
(Ma'r trêns 'ma mor anwadal,
Mae isio 'mynedd Job!).
I dorri stori hir yn fyr
Ces dri neu bedwar peint,
A bîns ar dôst i lenwi 'mol
A watsio Greavesey a'r Saint.
Ac yna 'nôl i'r orsaf,
Ond och! ow! gwae! am ddrama:
Roedd y trên 'di mynd am Ynys Môn
A minnau'n dal yn fa'ma!

Es 'nôl i'r Glôb yn wantan,
Ces ail lond plât o fîns
A thri pheint arall o *Drafft Bass*
A phinyts blas sardîns.
Ro'n i'n teimlo'n reit ddigalon,
Ro'n i'n teimlo'n eitha twit,
Roedd rhaid 'mi groesi'r afon,
Roedd rhaid 'mi fynd — ond sut?
Ac yna cefais frênwêf,
Mi a' i lawr i'r pier
A gofyn i ryw forwr llon
'D'iw sêl tw Môn ffrom hiyr?'
Ac felly mi ffarweliais
Efo Wil a Mags yn Glôb
Ac off â fi a 'mol i'n llawn
O *Drafft Bass* a ffa pob;
Ond siom oedd yn fy nisgwyl
Unwaith eto ar lan y Fenai —
Roedd trip mewn cwch yn bedair punt
A dim ond dwy oedd genna' i.
'Mi a' i â ti ryw hanner ffordd,'
Medde un hen gychwr, Paul,
'Ond wedyn mi fydd raid 'ti fynd
Dy hun; fydda' i'n troi yn f'ôl'.
Wel erbyn hyn doedd gen i
Fawr o ddewis, deud y gwir,
Felly dyna sut, am bump o'r gloch,
Y bu imi adael tir,
A hwylio dros y Fenai
— Wel, hanner ffordd ar draws —
A chware teg i'r cychwr clên.
Ces frechdan bicl a chaws.

Ond fel roedd Paul am droi yn ôl
Mi deimlais wynt anferthol:
Nid gwynt o'r gogledd nac o'r de,
Ond yn fy mol — gwynt nerthol.
Ac yn sydyn dyma ffrwydrad
Wrth imi dorri gwynt
Ac mi wibiais yn syth drwy'r awyr
Fel roced, ond yn gynt.
Mi ffliais dros y Fenai
Diolch i nwy y *Bass* a'r bîns
A 'do'n i'm gwaeth 'rôl glanio
'Blaw am dwll mawr yn fy jîns.
Ond glanio wnes yn Llanfairpwll,
Hen dre fach fudur, front,
Ac felly es i'r stesion
I ddal y trên cynta 'nôl dros y bont.

Geraint Lövgreen

Canol Oed

Mae canol oed — mae o'n sefyll i reswm —
Hanner ffordd rhwng y cewyn a'r crematoriwm.
Ond nid y chi a fi sy'n penderfynu
Pryd mae bennu'n dechre ac mae dechre'n bennu.

Ond os ych chi'n cael ffwdan i ddiseido
P'un ai ych chi'n ganol oed ai peidio.
Os yw botwm eich bola chi'n cwato bysedd eich troed,
Yna 'chi wedi cyrraedd y canol (oed)!

Dic Jones

Y Jacwsi

Roedd Meri Jôs yn ddynes fawr,
Yn tynnu am ei ffiffti.
Meddyliai am y dyddiau gynt
Pan oedd yn fain a lysti.

Priododd Jac yn ddeunaw oed,
A chafodd chwech o feibion.
Lle cynt yr oedd fel haul y dydd
Mae nawr ym myd cysgodion.

Mi aeth am dro i lawr i'r dre
I siopa rhyw ddydd Mercher,
A gwelodd yno Sylvia Pugh
Sy'n briod i rhyw fancar.

Edrychai honno'n bictiwr tlws,
A'i chroen fel papur sidan.
Ei ffigyr, wel, yn blydi grêt
I ddynes ffiffti — fodan.

Edrychodd Meri arni'n syn
O feddwl am ei hunan,
A gofyn iddi, 'Sylvia bach,
Sut wyt ti mor groen-lan?'

'O! Mary,' meddai Sylvia'n syth,
'Rhaid dweud, y snob ag ydw i,
Y *secret* yw, heb os,
Heb os, yw jacwsi.'

Fe neidiodd Meri'n syth i'r bws,
Aeth adra, do, fel melltan,
A thynnu amdani wrth y drws.
Edrychodd Jac yn syfrdan.

Cyn i'r hen greadur yngan gair,
Fe'i llusgodd tua'r gwely;
Ac yno y buont am oriau maith,
A waliau'r tŷ yn crynu.

Rhyw wythnos wedyn yn y dre
Fe welodd Sylvia eto,
A Meri tro 'ma'n ysgafn droed
Fel haul y dydd yn sgleinio.

'O, Sylvia bach, dwi'n teimlo'n well,
Lle cynt ro'n bron â drysu.
Y *secret, secret* ia wir
Ydi gwneud i Jac ni chwysu.'

John Ogwen

35

Hel Straeon

Criw mentrus yw'r criw sy'n 'Hel Straeon'.
Yn wir, maen nhw 'mhlith y goreuon:
Gwyn Llew sy'n ei elfen ar long neu awyren,
Ac os nad ydi o'n fawr, mae o'n ddigon.

Lyn Eb sydd yn foel, ac yn fach,
Ac yn flêr, ac yn amal mewn strach.
Tra'n holi Dai Dyffryn am rinwedd tail mochyn
Fe gamodd i ganol — y stwff.

Mae'n werth gweld Gwyn Llew'n parasiwtio,
Mae o'n ddewr fel Glyndŵr — na, fel Rambo,
A wyddoch chi be, mae o'n glanio ynte
Ar ei ben, felly wnaiff o ddim brifo!

Aeth Lyn i ffilmio hen fwythyn oedd bron â dadfeilio,
Gwaeddodd, '*Action. Roll. Camera*',
Ysgydwodd y trawstia,
A disgynnodd y to am ei ben o.

Gwneud ffilm ar deganau roedd Catrin,
Ac wrthi yn ceisio rhoi batri 'n
Y tegan bach pert, ond fe aeth lan ei sgert
A wir, roedd y profiad yn '*shattering*'.

Dwi newydd gael syniad, gyfeillion,
Gallai'r criw 'ma fynd lawr ar eu hunion
I uffern i ffilmio a'i gwerthu i 'Heno'
Fel '*Stories From Hell*', nid 'Hel Straeon'.

Hywel Gwynfryn

Baled y Stripar

Chwi Gymry glân aneiri,
Dowch mla'n i wrando stori
Na bu ei gwell — mi fentra' i rôt —
Am Dot, y stripar heini.

Ei hobi oedd arddangos
Ei hun ymhell ac agos,
A rhaid yw bod yn deg â Dot,
Roedd ganddi lot i ddangos.

Ond cyn mynd mla'n â'r stori
Fe hoffwn ychwanegu
Taw'n Eglwys Bresbyteraidd Sblot
Y dygwyd Dot i fyny.

Ac aelod brwd i ryfeddu
Beth bynnag fyddai'r tywy',
Cwrdd gweddi, Dorcas, seiat — y lot,
Roedd Dot yn eu mynychu.

Gwnaeth radd B.A. mewn stripo
Yng Ngholeg Coffa'r Bermo,
Ac enwog ddaeth am ddawnsio chwim
A dim yn cael 'i gwato.

Bu'n dawnsio'n Ffrainc a Deri,
Clunderwen ac yn Nhwrci,
Ac unwaith yn yr Albert Hall
A dim ytôl amdani!

Ond dyma oedd ei phrofiad,
'Ddaeth iddi rioed wahoddiad
Gan 'r Eglwys — a hithau'n un o'i phlant —
I dynnu bant ei dillad.

Arhosodd am ei chyfla,
Daeth hwnnw mewn Cymanfa
Yn Eglwys Bresbyteraidd Sblot,
Sef capel Dot — Bethania.

Aeth mla'n i'r ffrynt i iste
A daeth 'r arweinydd ynte,
A chyn bo hir roedd hwnnw'n ffri
Yn chwifio fry ei freichie.

Daeth *off* ei dillad ucha
Ar ganol 'r emyn cynta,
A'r tenors oll yn canu'n llon,
'*Roll on* yr emyn nesa'.

Yn ara bach fe stripws,
Pob pilyn ffwrdd a dynnws,
Ac ni bu rioed shwt ganu da
Ar yr Haleliwia Corws.

R'organydd glywodd y twrw,
(Roedd organ fawr gan hwnnw)
Fe droes ei ben a rhoddes floedd
Wrth weld beth oedd y sbort-ŵ.

Ac meddai wrth y dyrfa,
'Ni chaech chi fyth, mi wranta,
Pe chwiliech yr holl *music shops*
Ddim *organ stops* fel yna'.

Ei lygaid fel dau ffloring
A wyliai'r eneth *daring*,
Ac ar ei organ chwaraeai'n llon
Yr '*Air upon a G-string*'.

Gresynu wnâi'r sopranos
A gwgu wnaeth yr altos,
Ond nid oedd gwg na chilwg gas
Ymhlith y bâs *profundos*.

Roedd llawer cantor yno
Yn teimlo'n reit tremolo,
A'r gw'nidog yntau bron cael haint
Gan gymaint ei fibrato.

Ymlaen â'i dawns yn dawel
Aeth Dot, gan neidio'n uchel,
Roedd yno le — wel tewch â sôn —
Cyn cyrraedd 'Tôn y Botel'.

Cot blaenor yna gafwyd,
Dros Fryniau Casia 'i taflwyd,
A het rhyw flaenor arall gaed
I guddio Gwlad 'r Addewid.

I uchel floedd a chwiban
O'r diwedd aeth Dot allan,
A chanwyd tôn a geiriau doeth
Am wisgo'r noeth a'r aflan.

A hyd y diwrnod heddiw
Mae hynafgwyr uwch eu cwrw
Yn cofio am Gymanfa Sblot,
A diwrnod Dot oedd hwnnw.

Tegwyn Jones

Elvis

Elvis Aaron Presley — roedd o'n ddyn a hanner wir,
Yn lwmp o frôn, yn ugain stôn a seren fwya'r tir,
Fel hagis mewn siwt liwrecs, doedd na neb run fath â fo,
Fel soffa'n sdyc mewn *durex* roedd y dyn yn smart o'i go'.

Os na fedrai gofio'i eiriau, doedd dim ffiniau ar ei nwyd,
Anghofiodd Elvis Aaron rioed pa bryd oedd amser bwyd.
Am gyfnod aeth i'r Almaen, ond yn ôl y daeth y llanc,
A phob sosej a Frankfürten yn sdyc ym mol yr lanc.

Doedd ganddo ddim un llinyn ar ei galon bren, mae'n wir,
Ond o dan ei ddillad armi roedd ganddo stumog ddur;
Mae bwyd yn llenwi'i ganu, fel *'Steak House Rock'* a mwy,
'You aint nothing but a Hot Dog,' dim ond i enwi dwy.

Mae sôn mai pils ai lladdodd, ond nid yw hynny'n iawn,
Ni chrewyd pilsan eto i lenwi'i fol yn llawn.
Na, y gwir gyfeillion yw iddo farw yn y fan
Pan dreiodd fwyta'r gawod, y sinc, y bath a'r pan!

Ac yno'n dawel trengodd, dan y geiriau trist, *'The End'*,
Ond o leia roedd y brenin yn lân reit rownd y bend.
Nid dyna ddiwedd stori cyn-frenin roc a rôl,
Mae sôn fod Elvis Aaron rhyw ddydd am ddod yn ôl.

Bydd lle'n y band nefolaidd i Presley, siŵr o fod,
Bydd Bill Haeley gynt a'i gomet yn gwybod fod o'n dod!
Keith Moon fydd yno'n drymio, a Hendrix a'i gitâr fwyn,
Buddy Holly ar y rhythm a'i sbectol ar ei drwyn,

Glen Miller ar yr utgorn a Bach a'i fysedd chwim,
Y fo, Beethoven ar y piano a hwnnw'n clywed dim;
Ond nid y brenin fydd yn canu, na, Mercury o Queen,
Mi fydd Elvis yn ei nefoedd, wrthi'n rhedeg y cantîn.

Tony Llewelyn

Gwyliau'r 18 i 30

Pan gladdwyd f'Ewythr Jonah aeth Anti Nel ar sbri,
A chyn bod ei draed o 'di oeri roedd hi'n crŵsio'n y Caribî;
Fe 'munodd â'r iypis ifanc yn lle isda adra fel bôr
Ond fe greodd hyn gryn benbleth — roedd hi'n nain
yn fforti ffôr.

Ni wyddai neb y gyfrinach, a holai'r teulu — 'Pam?'
Hen wreigan na wyddai'r gwahaniaeth rhwng *paella*
a bechdan jam.
Sut gafodd hon ei derbyn gan glic o gincis ffri
A hitha'n ddynas capal ac yn enillydd Medal Gee?

Derbyniais bwt o lythyr gan Nel o Amsterdam,
Newydd fod mewn jacwsi hefo gŵr gweddw o Siam;
Amgaeodd lun i brofi'r gwirionedd fwy neu lai
Ac arno'n sgrifenedig — *'Hi Folks! The King and I!'*.

Mae'n amlwg fod Nel 'di 'muno â phob gêm ar fwrdd y llong,
O *'Strip Jack Naked'* goman i *'Pass The Buck Along!'*.
Anodd dychmygu, yntydi, am Gadeirydd Merched y Wawr
Yn pasio banana felen rhwng ei phen'glinia am awr!

Gorffennwyd y gweithgareddau bob nos efo *video show*
Rhai wedi'u conffiscetio, a'u cadw'n dynn dan glo;
Ni chynhyrfai rhain 'rhen Neli, er glased oedd eu lliw,
Roedd hi 'di arfar efo Deryn a'r Dyn Budur — nefi bliw!

Daeth adra yr wythnos diwetha efo *lumberjack* yn ŵr,
Roedd hi 'di ennill o'n *outright* mewn raffl yn Rancanpŵr,
Dyn ifanc na fydd o gymorth i'r Llan na'r Cysegr Lân,
Ond gwelodd Nel ei rinwedd fel torrwr pricia tân.

Os ewch chi hogia Llithfaen ar yr *eighteen thirty trip*,
A gweld hen wreigan seml yn mynnu gwneud y strip;
Cymerwch hyn o gyngor a'i gadael ar wahân —
Rhag ofn mai chi fydd nesa' i dorri pricia tân!

Arwel Jones

Yr Eisteddfod

Cân deyrnged i'r diweddar Eirwyn Pontshân. Mae'r gerdd wedi'i seilio ar y digwyddiad enwog hwnnw pan gyfarfu Eirwyn â Chynan yn Eisteddfod Aberafan.

Yn Aberafan 'chwedeg chwech roedd hi'n brynhawn
dydd Iau,
Pontshân a finne yn y glaw a'r *Twelve Knights* wedi cau;
Ac yna dyma Eirwyn yn datgan be oedd be —
'Os wyt ti byth mewn trwbwl, Lyn, treia ddod mâs 'no fe.
Os yw mamgu yn hen, os ydy'r fuwch yn dene,
A'r borfa'n od o brin, a'r bàr ar gau o'n hole,
'Sdim ots am ddim o gwbwl, na, 'sdim ots am ddim 'mo'r dam
'Tai'r babi'n llenwi'i gewyn a chaca lond y pram,
Daw, fe ddaw eto haul ar fryn,
Os na ddaw hadau, fe ddaw chwyn,
Awn yn ôl i'r botel jin tan amser te.'

Fel ateb i'w weddïau, yn sydyn ac yn slic,
Yn syth o blith yr Orsedd ar ôl cadeirio Dic,
I fyny at y gwesty daeth Cynan ar y sîn.
Fe foesymgrymodd Eirwyn, plygodd ar un penglin
Gan gydio am goesau'i arwr, a safai'n fud a syn,
Ac yna dwys-lefarodd yn floesg y geiriau hyn —
'Tyred yn ôl i erwau'r wlad,' blydi marfylys, Cynan.
Ond beth am fynd â ni am beint? Rwy' bwyti tagu, achan.'
Fe ufuddhaodd Cynan, ac agor wnaeth y bàr,
A braich dde Eirwyn erbyn hyn dros ei dderwyddol war.
Yng ngwmni hyfryd Cynan fe aeth hi'n hwyr brynhawn.
Smôcodd Pontshân ei ffags i gyd, gan fwmial, 'Hyfryd iawn!
Ac yna, ar ôl sgwrs a chlonc ac ambell beint o gwrw,
Fe ddringodd Eirwyn i ben stôl gan lwyr ddistewi'r twrw.

Adroddodd 'Fab y Bwthyn' o'i lwyfan ar y gader
A phawb yn hongian wrth bob gair fel petai'r gerdd yn bader,
Yna daeth awr ffarwelio, ac Eirwyn aeth ar hyn
Draw at y Prifardd hynaws gan gydio amdano'n dynn;
Diolchodd iddo'n gwrtais, 'Da iawn, 'rhen foi, *well done',*
Bellach, a ninnau'n ffrindiau clòs, ga' i'ch galw chi yn 'Cyn'?'

Dengmlwydd-ar-hugain, bron, wnaeth ffoi er Steddfod
Aberafan,
Ond erys yn fy nghof, am byth, chwerthiniad uchel Cynan.
Hedfanodd y blynyddoedd; mae'r Prifardd yn y nef,
A rhywfodd fe ddychmygaf weld Eirwyn gydag ef
Ar bnawn rhyw steddfod nefol yn sgwrsio wrth y tân —
Y bardd mawr o Borthaethwy, a'r dyn bach o Bontshân.

Lyn Ebenezer

Hela Calennig

Sut flwyddyn ma' naw deg dau wedi bod i chi,
Wel fuodd hi'n flwyddyn ecspensif ofnadw' i fi.
Dechreuodd y coste nôl ym mis Ionawr
Pan dorrodd y tractor sydd 'da fi lawr,
Heidrolics yn pallu codi a'r brêcs ddim yn brêco,
Ac am y pistons, wel o'n nhw'n pallu'n deg â phisto.
Y gêrs ddim yn gêrio ar injan yn bacffeiro —
Mewn geirie eraill, doedd y croc ddim yn gwitho.
Wrth dalu am 'i gweiro bu bron torri'r banc
Fyse'n well 'sen i wedi'i adel e, i fynd o dop y banc;
Ac wedyn mis Ebrill prynes fuwch 'da boi drws nesa'
A'i rhoi hi mewn ca' o'dd â lot o borfa.
Fe hwiddodd hi dranno'th fel anferth o bêl
A gorwedd yn farw — yn fwy tebyg i *whale*.
Wyth can punt mewn ca' yn farw gelen,
A finne yn iste ar 'i phen hi yn llefen;
Llond dwy *churn* o lath wedi conco mâs
'Ma fi nôl i'r tŷ yn teimlo'n reit gas.
Fe ffônes y cymydog a gweud yr holl stori,
Fel o'dd y fuwch wedi marw ar hanner pori.
'Wel, wel,' mynte fe, 'wi'n ffili credu'r peth yn lân
Dyw hi ddim wedi gwneud shwt beth o'r blân!'
Colli nosweithe o gwsg pan o'dd defed yn wyna
A rheiny yn mynnu trigo wedyn ar 'y ngwaetha.
Fet yn cael 'i alw i'r clos bron bob dydd
I dynnu rhyw oen oedd yn pallu deg dod yn rhydd.
A nôl ym mis Awst fe wnes i briodi.
Own i yn credu erbyn nawr bydde gwraig fach yn handi
I hwfro dan gwely a golchi a chwco,
Ond so pethe wedi gwitho fel o'n i'n plano

O'n i ddim wedi sylweddoli y coste sydd —
Ma'r wraig 'co yn prynu rhywbeth newydd bob dydd!
Fe fildes i fyngalo gyda'r arian oedd gen i
A fan'ny ydw i nawr yn byw 'nghanol tlodi.
Ma'r wraig yn mynd i Hafren bob dydd am dei owt
A thra bydd hi yno mae'n gwario fel lowt.
Mae'n prynu carpedi fel rhyw ffanatic,
'Da 'ni ddau *Axminster* lan yn yr atic,
Ma' 'da ni bathrŵm sŵit sy'n *Royal Albert*,
A rhaid cyfaddef ma' fe'n edrych yn bert —
Ond dyw cael caniatâd i iwso fe ddim yn hawdd,
So tra bod y wraig yn y toilet rydw i tu ôl clawdd!
Ma' 'da ni ddeg setî — wel pam medde chi?
Wel o'dd hi'n lico pob un a ffili penderfynu.
Fe brynodd bump meicrowêf, i gyd ar un stroc
So wi nawr yn ddyn priod yn totali brôc.

I mi ma' 'naw deg dau wedi bod yn gostus gythreulig
So 'na pam 'wi yma heno yn hela calennig!

Ifan Gruffydd

Y Gusan Gyntaf

Roedd hi'n bwrw glaw mân yng Ngardd Eden
Ar llwyni sbageti yn damp.
Pur ddiflas oedd Adda ac Efa
A doedd ar yr hen sarff fawr o gamp.

Dan gysgod rhyw lwyn mawr o riwbob
Roedd Adda ac Efa ynghyd,
A dim ond dwy ddeilen ffigysbren,
I'w cadw nhw'n ddiddos a chlyd.

Doedd dim pwynt mynd allan i arddio
A'r wybren fel shiten o blwm,
A doedd fawr iawn o ddim ar y teli
Ond ripîts o 'Pobol y Cwm'.

'Byddai'n well gen i,' meddai Adda,
A'i fraich rownd ei Efa yn dynn,
'Fod yn mhyb *Tomos Arms* yn Llanelli
Na gwlychu at fy nghroen yn fan hyn.

'O plis tria 'nghnesu i,' meddai Efa,
'Mae fy nwylo a 'nhraed i fel clai'.
'Beth am sesiwn o gusanu?' meddai Adda
'O.K. 'te,' medd Efa, 'pam lai.'

Ond gwersi ar gusanu ni chawsant
Bu'r Creawdwr 'chydig bach yn aflêr,
I rhain roedd cusanu mor ddiarth,
 sosialaeth i Tony Blair.

Ble felly roedd Adda i ddechre?
Rhoes ei fys lan ei thrwyn gyda gwên, —
Ond dim gwefr, a'r un oedd y stori
Pan rwbiodd ei glust yn ei gên.

Rhoes ei droed ar ei thalcen yn dyner
Ond cytunai y ddau, 'Na, ddim cweit';
Rhoes ei sawdl yn fwyn dan ei chesel,
Ond roedd rhywbeth o hyd ddim yn reit.

Ac yna yn sydyn wrth rwbio
Ei drwyn yn ei boch nôl a mlân,
Cyffyrddodd ei wefus ai gwefus
Ac fe stopodd y bwrw glaw mân.

Gwasgarodd y tewion gymylau,
A'r haul ddaeth i wenu mor neis,
A chanodd y gwcw ei deunod,
O ganol y llwyn pwdin reis.

'O! mae'n dda,' meddai Adda, 'a dwi'n credu
Ei fod o'n arwain at rhywbeth reit ffeind,
Dwi 'di dechre, ac felly gorffennaf, —
Chwedl Magnus ar *Mastermind*.'

Nid fy musnes i nawr yw manylu
Am y pethau ar ôl hynny a fu,
Ond cyn hir gwelwyd dwy ddeilen ffigis
Wedi'u gosod yn dwt i'r neilltu.

A dyna yw'r cwestiwn ofynnaf
I'ch sobri ar ddiwedd fy nghân,
Chi a finne, lle fyddem ni heno
Pe na bai 'di bwrw glaw mân?

Tegwyn Jones

Rhagolygon y Tywydd

I Ffion, y ferch, jyst ar ôl iddi gael ei geni.

Fe ddoist ti mewn i 'mywyd, fel corwynt ar ei daith,
Ar fôr tymhestlog teithio fûm, a hynny am oriau maith.
Wyth pwys a hanner o't ti, yn debyg i dy dad,
Llawn gwynt o bob agendor, a fynte mewn shwd stâd!

Roedd y preshyr bach yn ormod wrth i fi gael *gas and air*,
A fe nid fi nath baso mas, 'sdim byd yn 'rhen fyd 'ma'n ffêr.
Ac wedyn mewn rhyw dridie y *baby blues* a ddaeth
Fi'n llefen glaw, 'i harllwys hi, alla' i'm meddwl am ddim
                                                    byd gwaeth.

Y pwysau nesa ddaeth i'm bron, fy ffrynts yn laeth i gyd,
Llifogydd yn fy isobras, a ti'n cysgu yn dy grud.
'Sdim byd i wneud ond iste lawr a dynwared Samantha Fox,
'Na pryd weles i dy dad, pwr dab, yn stydio'r tywydd ar y bocs.

Ie, mae'n blond, mae'n bert, mae'n bysti, ma' 'da ddi'r
                                                    cyfan oll,
Llond set o ddannedd perffaith, dim ond un peth sydd ar goll.
'Sdim *highs* a *lows* 'da hi 'wi'n siŵr, na hormons lan y spowt,
Dim napis gwlyb, na gwynt, na staen dy swper ar 'i rigowt.

Er mor heulog yw ei gwên, a'i chorff heb donnau mân,
A'i rhagolygon yn ddi-storm, yn fwyn fel suo gân,
Newidiwn i ddim lle â hi am bris, twel ma' dy dad yn
                                                    cysgu'n braf;
Ti yw'r enfys wedi'r gawod, ti sy'n troi bob dydd yn haf.

Elin Rhys

Aeth Blodwen am Wyliau i Bali

Aeth Blodwen am wyliau i Bali
Nawr, Tori oedd Blod yn y bôn;
Hi oedd Llywydd Toriaid y Fali
A Chadeirydd Toriaid Sir Fôn.

Fe ddringodd Losgfynydd yn Java,
Ond fe holltiwyd y mynydd yn dri.
Fe gladdwyd 'rhen Blod yn y lafa,
A nawr mae hi'n *lafa-tori!*

Lyn Ebenezer

Bleind Dêt

Chi gyd, 'wi'n siŵr, wedi clywed yr hanes
Am y tywysog anffodus, Llew Llaw Gyffes,
Ond glywsoch chi rioed am ei gefnder — naddo?
Yr un oedd yn edrych fel sach o dato.
O drato! Druan bach ag e. Yn wahanol i'r arwr.

Roedd hwn yn anobeithiol fel carwr —
Mor ddewr â llygoden, mor osgeiddig ag eliffant
A'i bersawr personol yn smelo fel effliwent
Traethau Cymru —
Doedd dim gobeth am fenyw i dwymo ei wely
Heb sôn am hei-jincs;
Ac enw'r hen garan, oedd Llew Llaw Cyfflincs.

Roedd ganddo gyfaill — Pawl Gwydion Daniels —
Dewin rhan amser o'dd yn torri gwallt spaniels
Mewn *hair-salon* ar Fynydd Llanllwni,
Rhyngto chi a fi, o'dd e'n dipyn o lwni!
Ond calon fawr, ac yn barod i helpu
Hyd yn oed boi o'dd â'i draed yn drewi
Fel caws Gorgonzola
Newydd ddychwelyd yn ffresh o'r bola.

'Drycha,' medd Llew, 'wi mo'yn i ti gonsuro
Pishyn bach smart yn unswydd i'm cysuro.'

'O.K.' medde Gwydion yn ei Gymrag Canol glew
'Sa' nôl wrth y stôl ac mi wna' i ti ddelw
O'r gwallt sydd ar lawr — ffrwyth llafur y sisiwrn —
Abra-cadabra-ca-Vidal-Sa-Sasiwn!'

Yn ebrwydd, o rywle daeth tamed o sgert
A'r fenyw o'dd ynddi, O! ro'dd hi'n *blaen*,

A sobor o ddiflas.
Fel mwnci llaw-whith wedi colli'i fananas!

O'dd hi'n fawr, o'dd, ond mewn ffordd wahanol.
Jiawch! O'dd hi'n sics ffwt ffeif o gwmpas ei chanol!

Ac ar ei brest roedd sein *'black and white'*
A'r geiriau *'Hilary and Tensing here stayed the night'*.

'Beth yw hwn?' medd Llew, 'lle i blygo tegel?'
'Na,' medde hi. 'Hwnna yw 'mogel.
Hwpa dy fys i'w ganol os mynni
Ond wotsia mas, achos sa i mhell o ferwi!'

A chyda hynny'n unig o ysgogiad
Aeth y ddau yn sownd mewn yfflon o snogad.

A barodd am oesau,
Ac oesau ac oesau,
Ac oesau ac oesau,
Ac oesau di-ri, —
A hyd yn oed tipyn bach mwy 'na 'ny.

Ac wedi cael ei wynt yn ôl
A ffindo'i ffordd mas o'i chôl
Gan ddilyn techneg Casanofa
Sibrydodd yn ei chlust colifflower —
'Beth yw dy enw, fy mreuddwyd o'r nef?'
Atebodd hithau — 'Blo-dry-wêf —
Oherwydd fy nghreu o walltiau'r salon
Gan y dewin â'r blewyn, Gwyd-i-on.'

Gyda hyn, ymddangosodd yn wyllt a di-ffrwyn
Ddyn ag enw i fynd lan eich trwyn —
Ie, Gronw ap Pupur ap Clwtyn ap Criwet —
Gan weiddi, 'Hei ti, gad lonydd i 'nghrympet!'
A dyma'r lle'n troi'n faes y gad
Y ddeuddyn yn ymladd hyd at wa'd
Ac wrth drio'u stopo fe gwmpodd Gwydion
Yn lletwhith ar ben ei Gerrig-y-drudion —
Y ffon, hynny yw, a gafodd o'r Gog —
A'i droi yn ddewin mor hynod alluog.

Ar unwaith, dyma synnau a lliwiau od —
A *bang*! Doedd dim argoel o Blod.
Ond am ddêten sticllyd ar ffenest y siop
Yn agos i'r canol heb fod mhell o'r top.
Meddyliodd Llew, 'Ai hon yw fy rhiain
Yn lwmpyn bach brown ar ben y *Venetian*?'

'Na hidia,' medd Gwydion. 'Os ti'n credu mewn ffêt
Ei thynged, ti'n gweld, oedd bod yn fleind dêt!'

Euros Lewis

Dros Ben Llestri

Ar stondin ym marchnad Pwllheli
Roedd cannoedd o jygia', soseri;
Fe neidiodd John Jones dros y bwrdd yn ei drôns,
Wel, dyna chi fynd dros ben llestri!

Aeth Sion draw i'r sŵ hefo'i fami
I fwydo 'rhen Morgan y mwnci.
Roedd y mwnci'n un tew, ac fe'i bwydodd i'r llew
Wel dyna chi fynd dros ben llestri!

Roedd Jên wrthi'n gwneud byns a phestri
Un noson yn nghegin y festri;
Gafaelodd y ficer yn lastig ei nicer
Wel, dyna chi fynd dros ben llestri!

I'r rhaglen 'ma, llongyfarchiadau,
'Dros Ben Llestri' yn sicr yw'r ora
O'r rhaglenni i gyd trwy Ewrop a'r byd,
A nawr, dros ben llestri yr es inna!

Hywel Gwynfryn

Y Neges

Aeth Wil a Ned efo'r W.I.
Am *Misery Trip* un tro,
A glanio wnaeth y shari-bang
Ar rynwê fawr Heathrow.

Mi aeth y merched yn un giang
I chwilio am sgons a the,
Ond Wil a Ned aeth rownd y plêns
I 'studio be oedd be.

Mi welsant Concord ar eu rownd,
Rhyfeddu at ei maint,
Y pigfain drwyn a'r adenydd mawr —
Bu jyst i Wil gael haint.

Ac wrth fusnesu dan ei bol,
Gerllaw'r stocs diwti-ffri,
Mi welodd Ned ddiferion oer
Yn gollwng ohoni hi.

Rhoes flaen ei fys mewn pwll ar lawr
A'i roi o dan ei drwyn;
Dim hogle'n 'tôl — a'i lyfu wnaeth
A'i gael yn stwff go fwyn.

'Mi fetia' i mai fodca 'di o,'
Medd Ned, a chyn pen dim
Roedd o a Wil o dan y drips
Yn llowcio'n gryf a chwim.

Dau ddigon blêr efo'r W.I.
A ddaeth yn ôl o'r trip,
A chwynent wrth fynd ar y bỳs
Fod y grisiau braidd yn slip.

Canodd ffôn wrth wely Wil
Drannoeth am ddeg o'r gloch;
Ymbalfalodd o dan y shîts
A'i lygaid braidd yn goch.

'Ned sydd yma,' meddai'r llais,
'Sut wyt ti?' — 'Ddim rhy wych';
'Wel, coda Wil, y funud 'ma,
A sbia ar dy hun 'n y drych.'

Stryffagliodd Wil o'i wely'n wael
Ac yna, cafodd fraw:
Yr oedd ei drwyn 'di tyfu'n hir
Ac yn bigfain ar y naw!

'Mae gen i drwyn fel Concord, Ned!'
Ebychodd wrth ei ffrind,
'Ac mae fy mreichiau'n syth yn ôl —
Fel plên yn cychwyn mynd.'

'Gwranda di'n ofalus nawr,'
Medd Ned, â'i lais ymhell,
'Os ca' i ddweud fy neges, was,
Mi deimla' i'n llawer gwell.'

'Be' bynnag wnei di, Wil, 'rhen goes —
Wel paid â tharo rhech;
Yn Rio de Janeiro rwyf,
Ers chwarter wedi chwech!'

Myrddin ap Dafydd

Stêm

Daw stêm mas o 'nghlustie, daw stêm mas o 'nhrwyn,
Daw stêm mas o 'ngheg gan chwyrlio,
Bob tro yr ymddengys hi ar y sgrin,
Y ferch yn yr hys-bys Clio.

'Papa,' medde hi, o'r jiawl, medde fi,
Pan welaf ei llygaid hi'n sbio;
Does neb yn y byd fel fy annwyl Nicole,
Y ferch yn yr hys-bys Clio.

Pan glywaf ei llais, ni wn i yn iawn
A ddyliwn i chwerthin neu grio,
Mae 'nghalon i'n raso, pob tro gwela' i hi,
Y ferch yn yr hys-bys Clio.

Ni fedra' i gysgu un eiliad y nos,
A waeth i mi beidio â thrio,
Mae f'enaid i'n perthyn i'r Ffrances fach ddel,
Y ferch yn yr hys-bys Clio.

Mae 'nghariad i'n llosgi yn ulw dân,
Fel sosej neu facwn yn ffrio,
Rwy'n crynu, rwy'n tasgu, rwy'n chwysu, rwy'n sâl,
Dros y ferch yn yr hys-bys Clio.

Er pledio fy serch yn llwyr iddi hi
Nes bod f'afal Adda i'n cwafrio,
Mil gwell ganddi hi yw ei *Renault* bach coch,
Y ferch yn yr hys-bys Clio.

Ond, daw stêm mas o 'nghlustie, daw stêm mas o 'nhrwyn,
Fe ddaw stêm mas o 'ngheg gan chwyrlio,
O am fod mewn cawod mewn cwmwl o stêm,
Gyda'r ferch yn yr hys-bys Clio!

Lyn Ebenezer

Jini Pws-Pws

Roedd Jini Pws-Pws yn naw deg a thri
Ac os cywir y sibrwd a'r sôn,
Roedd hi'n ddynas a hannar, ac yn byw yn Ty'n Twll
Mewn rhyw bentre yn rhywle'n Sir Fôn.

Roedd ganddi un mab o'r enw Adolf
A aned yn un naw pedwar pump.
Hynny yw, fe aned un Adolf
Cwta flwyddyn 'rôl i'r llall gael ei gwymp.

Mae'r stori sydd gen i'n mynd yn ôl blwydd neu ddwy,
Pan ddaru Hitler ffoi o Berlin
A glanio yn Fali, isio gwylia medda fo
Yn Ty'n Twll (sy' ddim yn bell o'r fan hyn!).

Mi ddaeth ym mis Chwefror, y trydydd ar ddeg
Yn dawel i'r Fali mewn bws.
Ond, be na wyddai o (na Rudolph Hess)
Oedd mai Ty'n Twll oedd tŷ Jini Pws-Pws.

Roedd gan Adolf gath hefo fo ar ei drip —
Anferth o bwsi fawr frech;
A rhaid oedd rhoi llefrith i'r gath bob tair awr:
Am hanner nos, am dri ac am chwech.

Am dri y gwnaeth Hitler ddiawch o fistêc.
Ynghanol ei ffwdan a'i ffws,
Efo soser a llaeth, yn ei drôns bach
Fe aeth ar ei bedwar a gweiddi 'Pws-Pws!'.

Jini a'i clywodd, er bod nam ar ei chlyw
A'i choes bren mewn wadin mawr sofft,
A'i danedd mawr pinc mewn glàs yn y sinc —
Mewn deg eiliad roedd hi'n hopian o'i llofft.

Trannoeth, yn ôl llyfrau hanes
Aeth Hitler fel mellten trwy'r nen,
A deifio'n syth mewn i fyncar
A saethu ei hun yn ei ben.

A'r foeswers yn ôl haneswyr o'r Almaen
Welodd Adolf 'r ôl ei angeuol sws:
'Dim iws colli pen ar ddydd Ffolant
Dros rhyw fymryn o Jini Pws-Pws!'

Eirug Wyn

Clawdd Offa

Ymhell bell yn ôl fel mae'r hanes yn sôn,
Yng nghyfnod yr arthod a'r blaidd,
Fe drigai yn Lloegr rhyw Seisyn bach blin
Sef Algernon Ponsonby Smythe.
Roedd pawb yn anghofio ei enw o hyd
Er iddo fo drio 'u hatgoffa,
Ac felly'n lle Algie neu Ponsie neu Smythe
Roedd pawb yn ei alw fo'n Offa.

Doedd Offa'm yn hoff o fawr iawn o neb,
Yn arbennig felly'r Cymry
Oedd yn heidio i Loegr i brynu tai ha'
Ac i agor siopa têc-awê llymru.
Un diwrnod wrth deithio'n ei limosîn crand
Mi waeddodd Off 'Stop!' ar y choffa;
Roedd o wedi cael syniad — un gwreiddiol a gwych,
Roedd o am adeiladu Clawdd Offa.

'Mi anfona' i'r holl Daffis i Gymru yn ôl
A chadw'r hen Loegr i'r Saeson,
Mi goda' i'n fersiwn i o'r *Berlin Wall*'
(Wrth lwc roedd o'n dipyn o Feson).
Ac ar ôl cael ei syniad, orffwysodd o ddim,
Orweddodd o 'run awr ar ei soffa,
Mi brynodd y mortar, mi brynodd y brics
Mi cafodd nhw ar 'sbesial offa!'.

Ac *off* â fo wedyn i godi'r wal,
Ond doedd ganddo fo'm digon o frics.
A phan safodd yn ôl i edmygu ei gampwaith
Fe deimlodd yn dipyn o bric,
'Chos 'mond un rhes o frics oedd rhwng gogledd a de;
Mi luchiodd o bridd dros y lot,
Ac wedyn mi bwdodd ac ymaith â fo
I'r Lake District i hwylio ei iot.

Geraint Lövgreen

Y Tatŵ

Gydag ymyl blows fach les
O dan y gwddf a'r ên
Fe fynnodd Nain gael tatŵ bach del
Jyst cyn iddi fynd rhy hen.

A rhywfodd cafodd anlwc, do —
Mi wn i sut, a pham;
A gwyddai 'Nhaid fod campwaith pin
Y peintiwr cnawd yn gam.

Roedd Nain 'di mynnu cael ar groen
Lloyd George yn chwifio'i fys;
Ond methodd yr hen beintiwr chwil
Gael y cyfan dan ei chrys.

Uwch dwyfron gron y safai'r Iarll,
Nid dyna yw fy nghŵyn —
Ond gan fod gwddw Nain mor fyr,
Roedd ei fys o i fyny'i thrwyn!

O bellter byd daw cannoedd lu
I'w gweld yn rhwydd a ffri,
Ond taerai Taid fod anffawd Nain
O leia werth ffiffti pî!

Arwel Jones

Ar y Silff

Un Nos Ola Leuad aeth *Gŵr Pen y Bryn*
I Hela Cnau ar ei *Geffyl Gwyn;*
Yn cael *Te yn y Grug* cyn dod *Barrug y Bore*
Roedd *Merch Gwern Hywel,* yn edrych ei gore.
Ha' Bach', medde fe, *'Pan Ddaw'r Machlud* mwyn
A *Thywyll Heno,* fe wna' i dy ddwyn
Yn *Yr Hen Siandri, O Gors y Bryniau*
Lawr *Dan y Wenallt.'* Dyna *Ddechrau Gofidiau.*
'Helo bach,' medde hi, yn shei. 'Shw' mai'n ceibo?'
'Aros Mae', medde fe. Medde hi, 'Wel, gobeitho!'
Medde fe, *'Gymerwch Chi Sigarét?'*
'Mŵg Melys', medde hi, gan *Ishte ar Ben Iet.*
Pan welodd e' sglein 'i sane neilon,
Medde fe, 'Ti *Ychydig yn Is Na'r Angylion!'*
'Ond ma' gen i blant,' medde hi, *'Deian a Loli*
So alla' i ddim dod 'da ti — jiw, wi'n soli'.
Gyda llaw, roedd hi'n methu dweud yr 'r' —
Fe fydde adrodd 'Aberdaron' yn uffarn o her.
'Ond gwrandewch . . . Ond gwrandewch,'
Medde hi wrth *Ŵr Pen y Bryn*
Beth am dipyn o *Hwyl a Sbri* yn fan hyn?'
Yna daeth plismon draw o Gwm Pennant,
Wilff o'dd 'i enw fe, tipyn o lyffant,
'O Law i Law', medde'r bobi wrth weld 'i bogel,
'Fe ddylech wneud hyn mewn rhyw *Stafell Ddirgel.'*
'Twyll Dyn, Heb ei Fai . . . ' medde'r dyn, 'Ond *Gwarchod
Pawb,* cofiwch, dim ond *Ienctid yw Mhechod.'*
Aeth y plismon ag e' lawr *Y Lôn Wen* ac i'r ddalfa
Ac aeth ei obeithion o *Chwilio Am Wraig* yn *Chwalfa.*

Mae e' nawr *Mewn Cell* â'i *Draed Mewn Cyffion*.
Ac am *Ferch Gwern Hywel?* Fe briododd hi'r plismon.
Ac *Os Hoffech Wybod* diwedd y stori,
Mae hi'n clwydo nawr fel hen *Iâr yn Gori*.
Ond meddyliwch, oni bai iddi gwrdd â Wilff
Fe fydde hi'n dal fel hen nofel sych ar y silff!

Lyn Ebenezer

Mochyn

Mae'n bnawn dydd Sadwrn Hiwi,
Mae'r farchnad ar y cowt,
Cawn weld pob mochyn yn y wlad
Yn gynffon tin a snowt.
Eu hogle'n ddrwg a'u gwich yn groch
A phob un newydd ollwng rhoch.

Wel dyma fochyn hapus,
Yn llyfn a byr ei gam
Jyst sbia ar ei fodrwy aur
Dyw hwn ddim byd ond ham;
Ni fydd ei facwn fyth yn llwm
R ôl rhochian fis ar 'Bobol y Cwm'.

Hei, pwy 'di'r bôr mawr yma,
Sy'n taflu mwd dros lôn
A'i drwyn yn y budreddi
Yn ffroeni rwdins Môn?
Mi fasa hwn yn gwneud yn iawn
Yn twrio sgandals ar y 'Post Prynhawn'.

Ar ongl od mae 'nacw dros wal
Yn gollwng dŵr
Ni chawsai hwn 'run wobr
Am 'nelu'n syth reit siŵr,
Mae'n gam, mae'n chwith, ben-ucha-isa,
Ond wedyn drychwch ar Dŵr Pisa!

Wel ylwch ar y llanast
Mae hwn 'di wneud dan draed,
A'i bolisiau drewllyd
Dros Brydain Fawr a gaed,
Clywch ar ei wîch, *'It's just not fair*,
Mae pawb yn licio'r mochyn Blair'.

Ond pwy 'di hwn,
Sy'n gwisgo hen gôt run lliw â'r llaid
A'i fotwm wedi agor
Y fi di'r baedd mae'n rhaid,
Dewch ata' i musus lawr i'r llwch
Mae *'piggy wiggy'* eisiau hwch.

Dyfan Roberts

Y Dyn Delfrydol

Chwi ferched glandeg Cymru
Gwrandewch nawr ar fy nghân,
Am ddyn sy'n fwy delfrydol, wir,
Ni chlywsoch rioed o'r bla'n.

Y fi yw'r creadur hwnnw
'Ond shwt?' gofynnwch chi
Wel, holwch chi y wraig 'co
Sy'n byw run tŷ â fi.

Rhyw dri mis nôl neu bedwar,
Newidiodd ffordd o fyw
Pan aned i ni fab bach pert,
I'r nyth 'co, fe ddaeth cyw.

A wir i chi, daeth diwedd
Ar fynd 'da'r bois am sesh
'Wi mewn bob nos yn gwarchod nawr
Cyn hir, bydda' i'n dechre *creche*.

Gan ambell ddyn cewch rosod,
Neu focs bach o *Milk Tray*
Gan eraill cewch wahoddiad taer
I fynd am *holiday*.

Gen i, cewch de'n y gwely
A hynny unrhyw bryd.
Pan ddaw hi'n amser bwydo
'Wi ar 'y 'nhraed o hyd!

Ar ffenel a *gripe water*
Rwy'n ecspyrt mwya'r tir
'Se modd i mi frest-ffido
'Sen i'n gwneud hynny — wir!

'Sdim sôn am fynd i'r Strade
Ar bnawnie Sadwrn clyd.
Rwy'n rhedeg lawr i *Mothercare*
I hala 'mhres i gyd.

Daeth diwedd ar y golffo mawr
Ac ymladd yr elfenne,
Yr unig wynt 'wi'n brwydro nawr
Yw'r un ddaw o'i ben-ôl e.

Ond jiawch erioed, mae'n werth e i gyd
Wrth edrych i'r dyfodol.
O'r golff neu'r gêm, caf lifft mewn *Saab*
Gan fab sy'n ddyn delfrydol!

Emyr Wyn

Hollywood

Dewch gyda fi i America,
Awn ar y plên i America,
I Hollywood yn America,
Cartref y sêr yn America.

Tinsel o le, lle does neb yn hen,
Ffês-liffts a silicôn i greu gwên,
Sawnas a phylle a *gyms* preifat, mawr,
I rwystro'r penôl 'ne rhag cwmpo lawr.

Mynydd candi fflòs yw Bryn Celynen
Ac yn pori ar ei llethre pobl llawn cenfigen;
Os nag oes 'na bump Limosîn yn y garej
Gallwch ddweud wrth eich hun, '*I aint got the edge!*'

Wedyn noson yr oscars, jiawch 'na beth yw shew,
Cher mewn gŵe, maen siŵr o ddala rhywyn glew,
Pwy fydd ar fraich pwy heno 'ma, tybed?
Mae hynny, chi'n gweld, yn siŵr o 'ffeithio ar 'ch tynged.

Mae Cindy a Richard 'di ymadael o'r diwedd,
Ond 'Lisabeth nawr 'da'r un boi ers tair blynedd,
A beth am Jacko a merch Elvis a'r mwnci,
Y triawd bach rhyfedd 'na sy'n rhannu'r un gwely?

Mae'r sêr mawr, mawr, nawr, yn dod draw i Gymru.
Ac fe'u gwelir yn cerdded ar hyd lwybrau Eryri,
'Di clywed o'n nhw bod modd gwneud cwic byc,
Wrth actio'n Gymraeg, ond '*no such luck*'.

'Chwel, mi ymchwilion nhw'n ddyfnach na chriw 'Byd ar Bedwar'
A ffeindio taw mwgls draw fan hyn sy'n ariangar,
Perfformwyr yn gweithio pob awr greodd Duw,
Fel bod y *kitty* yn llawnach i'r bosys gael byw.

Felly nôl yr aethon nhw i ddinas yr angylion,
A Chymru ddim 'di byw lan i'r holl addewidion,
Breuddwyd ffŵl oedd credu y gellid creu Hollywood,
Mewn gwlad sy'n cael ei thagu gan wreiddiau'r Redwood.

Elinor Jones

Y Llythyr

Dyma'r llythyr ola', fy ngwraig
Gei di 'wrtha' i,
Ac erbyn ffeindi di hwn ar y ford
Bydda' i'n bell oddi wrthot ti.
'Wi wedi diodde degawd
O'th glebran cwynllyd cry —
Ti'n waeth na ffôn-in Sulwyn
Bob dydd ar y BBC.

Ma' hwnnw'n llawn o syniade od,
Pobol â brains fel plant;
Ond un peth da am y radio,
Ti'n gallu switsio fe bant.

O'dd well 'da ti gwmni'r gath na fi,
O'dd hi wastad yn dy gôl,
Ond ges i ddial ar honno 'fyd —
Rois i fwstard lan ei phen-ôl!

Aeth hi lawr yr ardd fel mellten,
Ac wedyn, streit nôl lan,
Ac yna deifio mewn i'r tŷ bach,
A stemio am awr ar y pan.

Hefyd, gair am y bwji,
A godwyd ar fêl a llath:
Mae'i gaets e'n wag, oblegid
Ma' fe yn stumog y gath.

Fydd Cwtshi - Cw y ci bach hyll
Ddim 'ma i weud 'shwmai?',
'Wi 'di diodde chwyrnu'r cythrel bach
Ers Nadolig wyth deg dau.

Os wyt ti ishe'i weld e 'to,
Cer i'r Chinese a gofyn am nŵdl;
A phaid â chael gormod o sioc os yw'r cig
Yn tasto ychydig fel pŵdl.

O'r diwedd, mi gaf heddwch
Yn bell oddi wrthot ti a dy fam —
Yn rhywle neis fel Siberia,
Sir Fôn neu Fietnam.

Ffeindi di byth mohona' i,
'Wi wedi dianc nawr,
'Wi am gymryd ein harian o'r banc a mynd bant
'Da llond bws o Ferched y Wawr.

Ac wedi joio 'da rheiny,
Mi af i bant heb ffws
I fyw ar ynys Roegaidd
'Da Wynnie, drifwr y bws.

P.S. 'wi newydd gofio,
Ma'r acownt yn dy enw di;
Anghofia'r llythyr uchod (sws mawr) —
Bydda' i nôl i de am dri!

Dewi Pws

Yr *Au Pair*

Dibriod oedd Wil Pant-y-glatsien
A hwnnw ymhell dros ei drigain,
Un dydd, gwelodd list o *au pairs* yn *Y Tyst*
Ac fe halodd i mo'yn un yn syden.

Beth landiodd ond biwti o flonden
A fawr iawn o Saesneg, o Sweden,
Roedd hi'n cîn ar aerobics, ac fe aeth Wil yn ddwl horlics
Wrth 'i gweld hi yn stretshio ei chefen.

Bob nos, mewn rhyw oil roedd hi'n batho,
Ac wedyn at William yn closio,
Mor braf ydoedd hyn, ond wrth ei gwasgu hi'n dynn,
Roedd hi'n slipo reit mas rhwng ei ddwylo.

Fe gladdwyd rhen Wil wythnos diwetha,
Yr *au pair* gas y bai am ei gwpla.
A nawr, mae hi'n whilo am le arall i weitho,
Bydd 'na fynd ar *Y Tyst* flwyddyn nesa!

Peter Hughes Griffiths

Y *Dating Agency*

Mi es i'r gwely neithiwr yn ddyn blinedig iawn
Gan weddio ar y Duwdod mai cysgu yno gawn,
A wir i chi mewn munud a'r llygaid wedi cau,
Fe wyddwn i heb ame fod Jac Cwsg yn agosau.

Y peth nesa 'wi'n ei gofio yw bod nôl yn gwaith
Yn edrych ar gant o lunie a darllen enwau maith.
Mae Mrs Robertson-Huksley eisiau dyn sy'n ffeif ffwt ten,
A Mr Daniel Joseph eisiau menyw sics ffwt 'lefn.

Mae dyn fan hyn o Grymych eisiau menyw yn bur gloi
Gwallt du a'r ffigr ora sy'n godro a bwydo lloi.
A menyw o Trimsaran eisiau dyn i fynd â hi mas
Gyda rhywbeth yn ei boced a llygaid mawr mawr glas.

Pwy rown ni i John Major am sbelen medde chi?
Beth am wythnos 'da Sian Brynsiencyn yn Aber-ger-y-lli?
A phwy i Michael Heseltîn i wella' 'i broblem e?
Byddai Jean McGurk o bosib yn ei roi e yn ei le.

A beth am Edwina Curry, pwy gaiff ei setlo hi?
Beth am Huw Llywelyn Davies, a fi fel reffarî?
Ac er mwyn cael siarad nonsens 'da 'i gilydd ddydd a nos
Gaiff John Redwood a Rod Richards *free transfers*
                                                    i Ffair Rhos.

A phwy yw hon sy'n dyfod yn borcyn tuag ata' i
A'i breichiau yn amneidio? Af ati a'i chusanu hi . . .
'Chyrhaeddais i fyth mo'r fenyw — ces glusten nes o'n i'n troi,
Mae'r wraig wrth fy ochr yn sgrechian! 'Mae'n hen bryd i ti
                                                    godi gw' boi'.

A dyna'n wir y diwedd ar fy *'dating agency'* i
Mae'r freuddwyd wedi cwpla, af yn ôl i realiti,
Ond os fyth y byddwch chi eisie rhyw gymar o boen y byd
Dewch gyda fi i'r gwely, cewch freuddwyd am ryw hyd!'

Huw Ceredig

Cerdd Dant

(I'w hadrodd yn gyflym iawn iawn)

Caf sôn am y cwbwl, a hynny ar frys
Bobi Morris yw'r Llywydd a Menai yw'r Is,
A Dewi yn drefnydd, a'i Rian fach dlos
A'u holl Flodau'r Eithin, a'r taid Emrys Jôs.
Ac Elfyn o'r Sarnau, Haf Morris a'i mam,
Aled Lloyd Davies, Noel John, Alwyn Sam,
Nan Ellis, Ruth Aled ac Eirlys a Siôn,
Ceinwen a Derwyn a Leah o Fôn.
Ieuan ap, Alan Wyn, Alun Tegryn, ie siŵr,
Meinir Lloyd o Gaerfyrddin (a'r twpsyn o ŵr),
Eilir Clunderwen, Robin Jâms, Bethan Bryn,
Mirain, Dan Puw, Elinor Pierce, Einir Wyn,
Parti'r Ffynnon a Morfudd Maesaleg, neb gwell
(Ro'dd rhaid i fi'i henwi, mae'n perthyn o bell).
Uwchllyn, Y Parc, Seiriol a'r Ffîn,
Y Ddwylan, Penyberth yw'r merched o Lŷn.
John Eifion a Carol, Dafydd Idris ac Ann,
A Huw Edward Jones, ddaw e nôl yn y man!
Delyth Medi, Sian Eirian, Tudur Jones, Nia Clwyd,
Rhian Williams ac Elwyn Llanbrynmair, Alan Llwyd.
Triawd Hamani, Hiraethog a'r Ffôr,
Parti Cymerau a chriw Glan-y-môr,
Rhianedd Cwm Rhymni a Merched Glyndŵr
A'r Meibion o Ddwyfor, Parti Lleu, ie'n siŵr,
Pantycelyn a Bangor, Godre'r Aran . . . O.K.
Mae'r Garth, Telyn Teilo llawn cystal o'r de.
Dafydd o'r Ddinas a Ceinwen . . . a Mona,
O'Neill, Cathrine, Gaenor, a Carys yn ola.

A 'sech chi'n whilo trwy Gymru nes bod chi yn gant,
'Sneb arall ar ôl yn y busnes Cerdd Dant!

Peter Hughes Griffiths

Blwyddyn Newydd Dda (1994)!

I Gadeirydd pob rhyw gwango
Blwyddyn Newydd Dda!
A'r rhai sy'n disgwyl eu hordeinio
Blwyddyn Newydd Dda!
Er ei bod ar bob cwangocyn
Yn galennig hyd y flwyddyn,
Mae'r rheiny hyd yn oed yn gofyn
'Blwyddyn Newydd Dda?'

I hen deulu enwog Windsor
Blwyddyn Newydd Dda!
Rhag ofn na welen nhw run rhagor
Blwyddyn Newydd Dda!
I Ffergi ac i'r Duke
Gael dod mas â'r llyfr nesa,
Ac i'r Prins, rhag gwneud Cam — illa
Blwyddyn Newydd Dda!

Rwy'n dymuno i'n tîm ffwtbol
Flwyddyn Newydd Dda
— I gael colli o sgôr resymol,
Blwyddyn Newydd Dda!
Y mae'r ddraig sy'n rhoi o'r cychwyn
A'i batri nawr yn fflat ers tipyn,
Rhwng yr Iôr a thithau, Alun —
Ond, Blwyddyn Newydd Dda!

I bawb sy'n ennill y Loteri, wedyn,
— Blwyddyn Newydd Dda!
Efallai 'mod i'n perthyn,
Blwyddyn Newydd Dda!
A phob un sydd yn cynhyrchu
Rhaglen ddwl fel 'Dros Ben Llestri'
Dyna reswm fwy am ddweud 'ny
Blwyddyn Newydd Dda!

Dic Jones

Ffigurau

Mae meddwl am siâp Patsy Kensit
Yn hala rhyw drydan drwy 'ngwaed;
Fe dalwn i log ar dîn Kylie Minogue,
Mae'n fy siglo hyd flaenau fy nhraed.

Rwy'n meddwl am fronnau Madonna
Fel dwy ffuret yn gwthio drwy'r claw',
'Wedwn i'm 'Na' wrth Jane heb ei bra —
Jane Fonda, nid y wraig, gyda llaw.

Tawn i'n gweld Kathy Lloyd yn cael cawod,
Fe drengwn yn hapus fy myd,
Bob tro gwela' i hi yn y *'Sun'* ar *'page three'*
Mae 'na stêm dros fy sbectol i gyd.

Mae Melanie Griffiths yn dduwies,
Fe ddylai 'i phen-ôl fod ar stamp,
Er mai pen yr hen Cwîn sy' ar stamps — nid ei thîn —
Mae 'u llyfu nhw'n dipyn o gamp.

Ond mae cariad sy'n well na'r un arall,
Daw honno o Es Pedwar Ec.
Mae 'nghynhyrfu i'n dost, fy ngwirioni i'n bost —
Y ffigwr 'wi'n dderbyn ar siec!

Lyn Ebenezer

Gwlad y Sais

Wel, dyma ni yn eistedd
Yng Ngwlad y Sais, yng Ngwlad y Sais,
Yn dyrfa hawdd i'w gweled
Yng Ngwlad y Sais.
Gwlad Churchill a Victoria,
A'r annwyl Margaret Hilda,
A phawb yn falch bod yma
Yng Ngwlad y Sais, yng Ngwlad y Sais.
O'r argol! Be ddaw nesa
O Wlad y Sais?

Bu parch a bri yn perthyn
I Wlad y Sais, i Wlad y Sais
A phawb yn byw yn ffri
Yng Ngwlad y Sais.
Bu'n berchen yr America,
Yr Aifft fawr a'r India,
A lladd pob diawl oedd yna,
O! Wlad y Sais, O! Wlad y Sais.
O'r argol! Be ddaw nesa
O Wlad y Sais?

Mae golwg dda ar bobl
Yng Ngwlad y Sais, yng Ngwlad y Sais,
A'u bochau'n goch fel afal
Yng Ngwlad y Sais.
Ond iach y byddech chithau
Pe bae'ch dŵr o ffynonellau
Tryweryn a Moel Famau,
O! Wlad y Sais, O! Wlad y Sais,
A ddim yn talu dimau
Yng Ngwlad y Sais.

Ond diflannu wnaeth y cyfan
O Wlad y Sais, o Wlad y Sais,
A phawb yn mynnu'r tiroedd
Wrth Wlad y Sais.
Does dim ar ôl 'no bellach
Ond Thatcher a'i phryfetach
Yn mynd yn dewach, dewach
Yng Ngwlad y Sais, yng Ngwlad y Sais,
A ninnau i gyd yn dlotach,
O! Wlad y Sais.

Huw Ceredig

Diolch

Diolch yn arbennig i Eirug Wyn am gymorth
gyda'r casglu; hefyd i Ceri Wyn a thîm Radio Cymru.